LE PACHA

RHYTHME OUBLIÉ

CAEN

IMPRIMERIE DE F. LE BLANC-HARDEL

Rue Froide, N° 2

M D CCC LXIX

LE PACHA

RHYTHME OUBLIÉ

CAEN

IMPRIMERIE DE F. LE BLANC-HARDEL

Rue Froide, N° 2

M D CCC LXIX

Trente-ſix Exemplaires.

JE voudrais pouvoir vous écrire tous les jours. C'eſt la moitié de ma vie que ces lettres. Je joindrai à la prochaine une bouffonnerie ſingulière que j'ai improviſée l'autre ſoir, en plaiſantant, chez ces *Demoiſelles de Bachelier*. Ces *Demoiſelles de Bachelier* ſont deux vieilles filles qui ont été très-belles & qui ont de l'eſprit & du *caractère dans l'eſprit* (du reſte, très-faubourg Saint-Germain), & chez qui j'aime à paſſer *intimement* mes ſoirées. Ces deux Demoiſelles ont leur mère encore; une tête de vieille impératrice romaine, d'une Agripine de quatre-vingts ans, — laquelle, au coin de ſon feu, emmitouflée dans des châles aux couleurs vives, — une admirable levrette aux pattes fines & vibrantes ſur ſes genoux, — ne reſſemble pas mal à une idole égyptienne ou japonaiſe. Vous voyez cela d'ici, n'eſt-ce pas ?... Ces Dames s'amuſaient à faire des découpures (une fureur du moment), pour les coller ſur les vitres de leur ſalon. Il y en avait une (de ces découpures) qui repréſentait *un Pacha devant lequel danſait une ſauteuſe Circaſſienne*, & qui m'inſpira la poéſie ſans Rhythme que je vous enverrai & qui me paraît un peu trop *Rabelaiſienne* pour faire partie de nos RHYTHMES OUBLIÉS. C'eſt un *Rhythme oublié* que nous oublierons, mais qui (peut-être !) vous divertira. (Lettre du 12 Novembre 1854.)

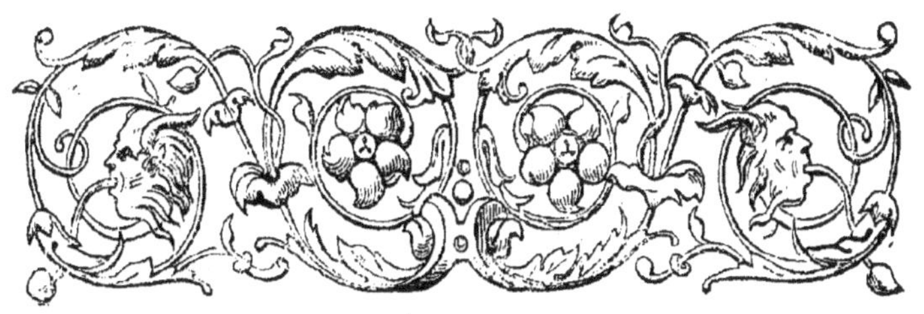

LE PACHA.

IMPROVISÉ

Devant une Découpure a mettre ſur une Vitre.

L eſt un Pacha, à trois queues, dont le Pachalic a bien ſix pouces carrés, — une miniature de Pacha, à la puiſſance fragile comme verre, mais qui ne craint point que ſon Sultan lui envoie jamais le cordon dans ſon humeur moroſe ; car le Sultan bénin de ce Pacha n'a pour tout cordon que le cordon de ſon concierge, & ce Sultan, c'eſt, ma foi ! deux tendres béguines, — les *Demoiſelles de Bachelier !*

Ce Pacha a fiché ſes trois queues devant lui, ſuivant l'uſage caudal des Pachas, &, repoſant ſon magnifique Derrière oriental, rond & brillant comme la Lune dans ſon plein, ſur ſon trône de criſtal, il regarde du haut de ſa vitre, contemplatif & immobile comme un Empalé de trois jours, paſſer meſſieurs les chiens qui paſſent, — les Icoglans à quatre pattes des *Demoiſelles de Bachelier!*

C'eſt un Pacha diablement majeſtueux! Grave comme ſa barbe & ſa mouſtache, indifférent comme ſa babouche, — un modèle de Pacha, enfin, qui a ſur ſa tête un turban tranquille, comme le turban d'un tombeau. Vrai fils de la Fatalité, Roi fainéant de ſon couſſin, c'eſt le cul-de-jatte du Despotisme, — mais la jatte est de terre de Chine & le cul revêtu de mirifiques & innocents caleçons brodés ! Comme la Sultane *Séphoratmé* *, il marmotte peut-être quelque dizaine de son chapelet d'ambre, quand une Grisette turque, une chanteuse de bazar, une agaceuse de tympanon dont l'arrière-train provocateur a la tournure de la mandoline dont elle joue, vient se placer effrontément à quatre pas de ses trois queues, prend des airs penchés & relève sa jupe pour induire en tentation ce saint turc

* Séphora est le nom de l'aînée des *Demoiselles de Bachelier*.

d'homme, ce ſaint Antoine ou ce ſaint Hilarion des Pachas, — mais Gloire à Allah! il ne bouge & ne veut augmenter ſon ſérail de perſonne, — ſon ſérail qui n'a que deux Sultanes, — les *Demoiſelles de Bachelier!*

Quand on prendra Sébaſtopol, il reſtera tout auſſi froid que s'il ne s'agiſſait pas des ennemis du chef de la bande de tous les Pachas à queue de cheval! Pour lui, ce jour-là, ſur ſa vitre, ne ſera rien de plus qu'un jour de pluie ou de ſoleil! A peine ſi le canon des Invalides, ſon voiſin, qui ſera trembler alors tous les carreaux de nos fenêtres de ſon bruit joyeux & de ſa fanfare à Poudre, agitera ſeulement les Rouges couſſins où trône, ſans lunette, la lune de ce Pacha dans ſa glorieuſe plénitude, — & pourtant ce diable de Pacha & ſon Pachalic & ſes trois queues s'en iraient en quarante mille miettes, au moindre coup de l'éventail ou de la pantoufle de ſes douces Sultanes, — les *Demoiſelles de Bachelier!*

ENVOI.

Cette Poésie — qui n'est pas de GOETHE, notre vieux marchand de pastilles, ni du Pâtissier de Bagdad, ce *Victor Hugo*, l'inventeur de la Bourde Orientale, — cette poésie, en l'honneur du Pacha de Vitre qui va régner à la fenêtre de la Voie Turque qu'on appelle la *Rue Oudinot*, ne sera gravée sur aucune pierre comme le verset du Koran sur le cachet du traducteur des *Contes Arabes*, notre Asiatique TREBUTIEN, ni brodée sur le fond du mouchoir que le Pacha jette à ſes Sultanes! Mais, mouchoir plus myſtérieux & non moins parfumé à ſa manière, ſon ſort ſera de repoſer parmi les Chryſanthêmes d'or & les vapeurs odorantes, dans la vaſte & fumante Caſſolette, — fermée par une Roſe*, — des *Demoiſelles de Bachelier!*

Signé

RABELAIS ... en *Turc.* [pour cauſe de carnaval].

* ROSE eſt le nom de la Caméri ſte de ces *Demoiſelles de Bachelier.*

www.ingramcontent.com/pod-product-compliance
Lightning Source LLC
LaVergne TN
LVHW012022170826
845678LV00004BA/1594

* 9 7 8 2 3 2 9 6 5 0 5 9 3 *